CLOCHES DIVERSES

DE L'ARRONDISSEMENT

DE CHATEAU-THIERRY

Par Jos. BERTHELÉ

Archiviste de l'Hérault

LES ANCIENNES CLOCHES DE L'ÉGLISE DE CRÉZANCY.

LES COCHOIS ET LES BARRARD,
FONDEURS DE CLOCHES AMBULANTS
DANS L'ARRONDISSEMENT DE CHATEAU-THIERRY.

LE CHANTIER DES BARRARD ET LA FONDERIE DE
CLOCHES DE J.-B. BARRARD, A LA CHAPELLE-MONTHODON.

CHATEAU-THIERRY
IMPRIMERIE LACROIX PÈRE ET FILS
26, RUE SAINT-MARTIN, 26

1900

CLOCHES DIVERSES

DE L'ARRONDISSEMENT

DE CHATEAU-THIERRY

Par Jos. BERTHELÉ

Archiviste de l'Hérault

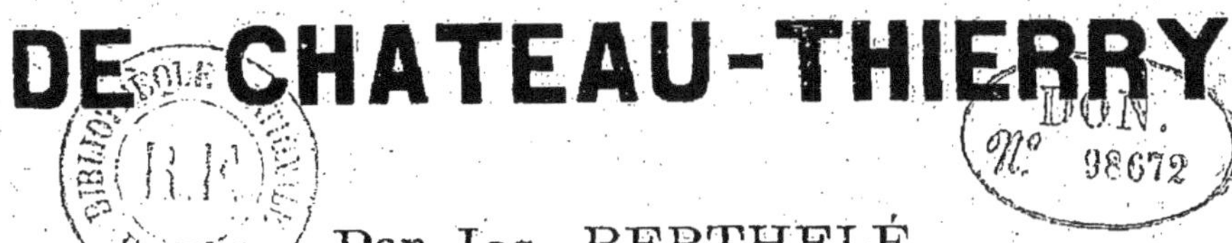

LES ANCIENNES CLOCHES DE L'ÉGLISE DE CRÉZANCY.

LES COCHOIS ET LES BARRARD,
FONDEURS DE CLOCHES AMBULANTS
DANS L'ARRONDISSEMENT DE CHATEAU-THIERRY.

LE CHANTIER DES BARRARD ET LA FONDERIE DE
CLOCHES DE J.-B. BARRARD, A LA CHAPELLE-MONTHODON.

CHATEAU-THIERRY

IMPRIMERIE LACROIX PÈRE ET FILS

26, RUE SAINT-MARTIN, 26

—

1900

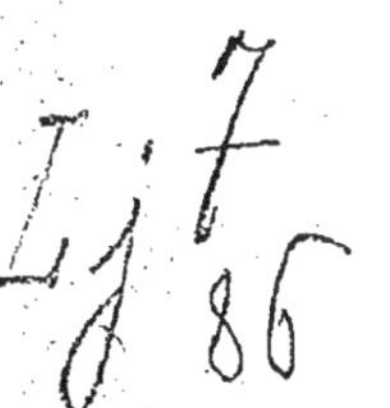

NOTES ET ÉTUDES

CAMPANAIRES — Nᵒˢ 45 A 47

I

Les anciennes Cloches

DE

L'ÉGLISE DE CRÉZANCY (AISNE)

Les trois cloches de l'église de Crézancy, qui ont été refondues en 1898, par M. Xavier Cavillier (1), dataient, — la grosse, de 1822, — la moyenne et la petite, de 1827.

Grosse Cloche. — Elle portait l'inscription suivante :

† LAN 1822 JAI ETE BENITE PAR Mr ANDRE TOUSSAINT SARAZIN CURE DOYEN DE CONDE EN PRESENCE DE MM^{rs}

† LOURDIN CHARLES GABRIEL MAIRE ET ARNOUL JOSEPH ALEXANDRE ADJOINT DE LA COMMUNE DE CREZANCY.

(1) Cf. Jos. Berthelé, *la Fonderie de cloches de M. Xavier Cavillier à Carrépuits (Somme)*, dans les *Annales* de la Société Historique et Archéologique de Château-Thierry, année 1890, pages 161 à 171 : — cet article a été reproduit, sous le titre *Deux jours à Carrépuits*, dans le *Carnet de voyage d'un Antiquaire poitevin*, pages 257 à 266.

Au-dessus de l'inscription : une course fleurdelisée ; en dessous : une course de feuilles d'acanthe. — Sur les faussures et sur la gorge, les décorations traditionnelles des fondeurs ambulants du Bassigny : la Crucifixion, la Vierge, un évêque et des têtes d'anges ailées.

Au bas de la cloche, la signature :

✠ COCHOIS ET BARRARD FONDEURS ✠

Diamètre intérieur : 1^m05.

Le marché pour la confection de cette cloche fut passé le 16 novembre 1821, avec « le sieur COCHOIS-BARET, marchand-fondeur de cloches, demeurant à Champigneulles, près Bourmont, département de la Haute-Marne,..... par lequel marché le dit sieur Cochois s'est obligé de fournir à la dite commune de Crézancy une cloche du poids de six cens kylogrammes (1200 livres), composée de bon cuivre de Sibérie et étain fin d'Angletaire, montée au clocher, prête à sonner, — moyennant quatre francs le kylogramme, formant au total la somme de deux mille quatre cens francs » (1).

Ce marché fut approuvé par le Préfet de l'Aisne, en date du 18 février 1822.

« La cloche, que le dit Cochois devoit fournir à la commune de Crézancy dès le mois de mars, » ne fut livrée que cinq mois plus tard. La réception en fut faite le 7 août, (en présence du dit Cochois, fondeur), par les membres de la municipalité et de la fabrique, assistés de « M. HENRY GUYOT, marchand de cloches à Mont-Saint-Père, expert pour ce choisi ». On constata que la cloche pesait 663 kilog. et demi, *aliàs* 1327 livres. Le paiement s'éleva au total de 2654 fr. (2).

---

(1) Archives communales de Crézancy. — Archives campanaires de Jos. Berthelé, papiers des Cochois.
(2) Archives communales de Crézancy.

D'après une tradition locale, cette cloche aurait été fondue dans la Marne, du côté de Damery. — Cette tradition concorde avec ce fait (que nous avons constaté d'autre part) que les Cochois et les Barrard ont eu, vers cette époque et pendant plusieurs années de suite, un atelier au Port-à-Binson, dans un terrain situé à la sortie du village à droite de la route allant à Damery, et dépendant de l'hôtel du Soleil d'Or (1).

* *

Moyenne Cloche. — Elle portait cette inscription :

† LAN 1827 JAI ETE BENITE PAR MR JOSEPH BONAVENTURE BOILEAU CURE DOYEN DE CONDE ASSISTE DE M_R JEAN

☞ BAPTISTE CLAUDE COUILLET CURE DE CREZANCY JAI ETE NOMMEE ANTOINETTE PAR MR JEAN B^{TE} HOURDRY

☞ EPOUX DE DAME A^{DRINE} EUGENIE DURAND ET DAME A^{TTE} M^{TTE} DENIZARD EPOUSE DE M^R C GL^E LOURDIN HAUTS

☞ PROP^R ET MEMBRES DU CONSEIL MM CH G LOURDIN MAIRE A J A DROIT ADJOINT A F MAIREAU J P FILLIETTE M^{TRE}

☞ DE POSTE P BALLER L C SAUVION M

(1) Le 4 mars 1823, le fondeur de c'oches Jean-Baptiste Barrard, associé de Nicolas Cochois, donne son adresse à la municipalité de Bézu-Saint-Germain : « depuis le 1er mars au 1er décembre... chez M. Lambert, hôtel du Soleil d'Or, au Port à Binson (Marne) ». (Archives communales de Bézu-Saint-Germain).

MARIE J B^TE GORET R A GILLOT L G A THIER-
CELIN F DROIT A DELAITRE ET F MARY
    LOUIS FREDERIC SAUVION MARGUILLIER M^R
M^IE MALLEZET INS^TEUR

Au-dessous de l'inscription : une course de feuilles
d'acanthe ; au-dessus, pas d'ornements. — Sur les faussures et sur la gorge : la Crucifixion, la Vierge, l'évêque et
les têtes d'anges ailées.

Au bas de la cloche, — d'un côté la signature :

LES COCHOIS PERRE (*sic*) ET FILS ET LES
BARRARD FRERES FONDEURS.

De l'autre côté, cette mention :

MR XAVIEZ (*sic*) PRUDHOMME AU B^TE (1)

Diamètre inférieur de cette cloche : 0,925.

Les fondeurs ajoutaient quelquefois aux inscriptions
de leurs cloches — reconnaissance de l'estomac ! — le
nom du « cabaretier » ou du maître d'hôtel, qui les avait
hébergés pendant la durée de leur travail. Une mention de
ce genre se retrouve sur l'une des cloches faites en 1826 à
Bézu-Saint-Germain par la même société de fondeurs.

* *

Petite Cloche. — L'inscription en était ainsi conçue :

† LAN 1827 JAI ETE NOMMEE LOUISE PAR
MR JULE AUGUSTE DENIZARD FILS DE M^R
CLAUDE ANTOINE

(1) Aubergiste.

☞ DENIZARD ET DE DAME CHARLOTTE AU-GUSTINE GORET ET PAR DE^elle LOUISE JULIE LEFEVRE FILLE DE
☞ Mr FRANÇOIS NICOLAS LEFEVRE ET DAME JULIE PORET

Au-dessous de l'inscription : une course fleurdelisée ; au-dessus, pas d'ornements. — Sur les faussures et la gorge : la Crucifixion, la Vierge et l'évêque traditionnels.

Diamètre inférieur : 0 m. 83.

Pas de signature de fondeurs. C'était, en effet, une habitude assez répandue chez les anciens fondeurs de cloches ambulants, quand ils faisaient plusieurs cloches pour une paroisse, de ne signer que la plus grosse.

Ces deux dernières cloches furent fondues à Crézancy même, sur la place du Savart. En même temps, les fondeurs firent pour l'église de Fossoy une cloche qui a été remplacée en 1890 (1).

* *
*

Voici in-extenso le texte du marché, passé le 23 mars 1827, entre la municipalité de Crézancy et l'association Cochois-Barrard :

« Les soussignés maire, curé et membres du Conseil Municipal de la commune de Crézancy, d'une part, et les sieurs François Cochois et Jean-Baptiste Barrare (*sic*), d'autre part, ont fait et arrêté ce jourd'hui entre eux le marché, dont la teneur suit, savoir que les sieurs François Cochois et Jean-Baptiste Barrare vendent et

(1) Traditions locales recueillies à Crézancy et à Fossoy.

s'obligent par les présentes de fournir à la commune de Crézancy deux cloches, d'accord avec celle qu'ils ont livrée en vertu d'un autre marché et qui se trouve actuellement au clocher de la paroisse.

« Ils déclarent en outre en avoir une parfaite connaissance et promettent avec responsabilité, à dire d'experts, de confectionner les deux cloches demandées en bon métal, dans l'espace de six semaines et dans la paroisse de Crézancy, à commencer du dix-huit avril prochain, année mil huit cent vingt-sept, — comme aussi de livrer à leur compte les moutons, ferrements, battans et cordes en bonne qualité, — occupant de préférence à leurs frais les ouvriers de la commune, qui seront capables de faire toutes ces choses.

« Le tout moyennant le prix de quatre francs le kilogramme ou deux livres anciennes, payables en quatre années et cinq payements égaux : le premier dans les trois mois qui suivront la réception des dites cloches et les quatre autres d'années en années au jour de Saint-Martin d'iver, et sans pouvoir exiger aucun intérêt. — Si cependant les payements précités n'étoient point effectués au jour de Saint-Martin d'iver mil huit cent trente-un, à partir de ce jour la commune se déclare obligée de payer l'intérêt des cinq pour cent de la somme qui resteroit à verser.

« Le présent marché ne sera réputé valable qu'après avoir reçu l'approbation de Monsieur le Préfet et de Monsieur le Sous-Préfet.

« Fait double, signé et convenu entre nous, à Crézancy, vingt-trois mars 1827.

[Signé :] — Barrare. — Cochois. — Gillot. — Sauvion. — F. Mary. — Droit. — Marlé. — Goret. — Lourdin, maire. — Couillet, desservant. »

La réception des deux cloches eut lieu le 13 juin 1827.

Onze mois plus tard, l'un des fondeurs ajoutait au marché du 23 mars 1827, la note suivante : — « Ce jour-d'hui douze mai mil huit cent vingt-huit, moi Cochois, fondeur dont il est parlé au présent, garanti la seconde cloche, qui commence à faire paille des deux côtés où frappe le battant, encore pendant un an. [Signé :] Cochois (1) ». — C'est précisément cette cloche honorée en 1828 d'un supplément de garantie, qui s'est fêlée il y a quelques années et dont la mise à mal a amené la réfection totale en 1898 de la sonnerie de Crézancy.

D'après l'évaluation établie à l'occasion de leur refonte, les anciennes cloches fondues en 1822 et 1827 pesaient, — la grosse, 628 kilog. — la moyenne, 477 kilog. — et la petite, 324 kilog (2).

*
* *

Les nouvelles, fondues à Carrépuits (Somme) par M. Xavier Cavillier, en conséquence du marché passé le 2 mars 1898, pèsent 725, — 521 — et 355 kilog. et donnent la tierce majeure fa, sol, la (3). Elles ont été bénites le lundi de la Pentecôte, 31 mai.

« La grosse cloche s'appelle Fanellie-Henriette et a été refondue aux frais de sa marraine Madame Delhomme ; son parrain est M. Henry Regnard, directeur de la fabrique « Le Corozo ». Elle porte l'inscription suivante :

Ces trois cloches ont été bénies en mai 1898 par M. Jules Cardon, vicaire capitulaire, Léon XIII, pape, Mgr Augustin-Victor Dera-

(1) Archives communales de Crézancy.
(2) Communication de M. l'abbé Jumeaux, curé de Crézancy.
(3) Idem.

mecourt, nommé évêque de Soissons et Laon, Eloi Warnier, curé-doyen de Condé-en-Brie, Adolphe Jumeaux, curé de Crézancy, Léon Brunel, maire, Cochard, Marcillat, Leblond, Brulé, Caurier, marguilliers. J'ai été nommée Fanellie-Henriette ; mon parrain M. Henry Regnard ; ma marraine Mme Delhomme, née Lourdin.

« La moyenne cloche, fondue aux frais d'une souscription paroissiale, s'appelle Aline-Pierrette ; la marraine Madame Filliette mère, le parrain M. Filliette, de Château-Thierry.

« Comme sa compagne, la petite cloche a été aussi refondue aux frais de la souscription paroissiale. Elle s'appelle Mathilde-Adolphine ; sa marraine Mme Brulé née Accart, son parrain M. Cochard de la Boissière. » (1)

(1) *L'Écho républicain de l'Aisne,* n° du 5 juin 1898 ; — le *Progrès de l'Aisne,* des 6-7 juin ; — le *Journal de l'Aisne,* du 9 ; — le *Journal de Saint-Quentin,* du 14 ; — cf. l'*Avenir de l'Aisne,* du 12.

II

LES COCHOIS ET LES BARRARD

Fondeurs de Cloches ambulants

DANS L'ARRONDISSEMENT DE CHATEAU-THIERRY

DE 1822 A 1832

Les noms des Cochois et des Barrard, qui se lisaient sur les anciennnes cloches de Crézancy, fondues en 1822 et en 1827, se retrouvent sur un certain nombre de cloches de l'arrondissement de Château-Thierry.

Ces fondeurs — ou plutôt ces deux familles de fondeurs — étaient de Champigneulles, petit village de l'ancien Bassigny, faisant aujourd'hui partie du département de la Haute-Marne, mais confinant immédiatement au département des Vosges (1).

Le COCHOIS-BARET, qui traita, le 16 novembre 1821, pour la fonte de la grosse cloche de Crézancy, était né à Cham-

---

(1) Les renseignements biographiques qui suivent, proviennent de l'état-civil de Champigneulles et de communications dues à divers habitants de cette localité, notamment à Mademoiselle Cochois, fille de François Cochois; — à M. Émile Renaud, maire, — à M. Marchal, instituteur, — etc.

pigneulles, le 3 juillet 1766, — portait les prénoms de JEAN-NICOLAS, — était fils de Dominique Cochois et de Marie Henrion et avait eu pour parrain « Jean-Baptiste Cochois, fondeur de cloches » de Chaumont-la-Ville, son oncle. — Il avait épousé Marie-Jeanne-Suzanne Baret (d'où son nom de *Cochois-Baret*). — Il mourut à Champigneulles, le 18 mars 1846, âgé de 80 ans.

Un seul de ses fils fut fondeur de cloches : — François, — celui-là qui traita avec la municipalité de Crézancy, le 23 mars 1827.

FRANÇOIS COCHOIS était né à Champigneulles, le 23 brumaire an XIII (14 novembre 1804). Il épousa à Champigneulles, le 25 novembre 1829, Marie-Catherine Barrard, fille de feu le fondeur de cloches, Jean-Baptiste Barrard et de Barbe Limaux. Il quitta les cloches vers 1835, fut maire de Champigneulles et mourut dans son pays natal, le 8 juin 1888, âgé de 84 ans.

Tels sont les deux Cochois qui figuraient dans la signature de la moyenne cloche de Crézancy, sous la désignation « LES COCHOIS PERRE ET FILS ».

« LES BARRARD FRÈRES, » associés de ces deux Cochois, étaient les fils du fondeur de cloches Jean-Baptiste Barrard, époux de Barbe Limaux, mort en 1807, et portaient les prénoms, l'aîné de JEAN-BAPTISTE, comme le père, et le cadet, de PIERRE-FRANÇOIS. — En 1829, ils devinrent les beaux-frères de François Cochois, par suite du mariage de ce dernier avec leur sœur Marie-Catherine.

Les Cochois et les Barrard étaient tous plus ou moins étroitement liés entre eux par des liens de parenté. Le dit Jean-Baptiste Barrard, époux Limaux, mort en 1807, était le fils du fondeur de cloches Pierre Barrard et de Barbe Cochois. La dite Barbe Cochois était la sœur de J.-Nicolas Cochois-Baret. Ce dernier se trouvait donc être l'oncle des deux frères Jean-Baptiste et Pierre-François; on comprend qu'il les ait pris avec lui, lorsque le moment fut venu pour eux d'apprendre le métier.

En résumé, Nicolas Cochois-Baret voyageait avec son fils et deux de ses neveux.

JEAN-BAPTISTE BARRARD, l'aîné, qui épousa Marie-Joséphine Husson (d'où son nom de BARRARD-HUSSON), mourut à Champigneulles le 2 janvier 1851. Il était assez souvent désigné sous le sobriquet de *Barrard le Grêlé*.

PIERRE-FRANÇOIS BARRARD, le cadet, qui épousa Marie-Marguerite Barrard (d'où son nom de BARRARD-BARRARD), mourut à Champigneulles le 6 novembre 1877. Il était couramment désigné sous le sobriquet de *Peau d'âne*.

Les fontes de cloches sur place, faites dans l'arrondissement de Château-Thierry ou à proximité, par l'association Jean-Nicolas Cochois-Baret, François Cochois, Jean-Baptiste Barrard et Pierre-François Barrard, ont duré une dizaine d'années, de 1822 à 1832 environ (1).

Parmi les cloches fondues par eux (ou plus exactement par les uns ou les autres d'entre eux), durant cette période, — voici celles que nous avons eu jusqu'ici l'occasion de relever :

1822. — *Crézancy*, une cloche, pesant 628 kilog., qui était signé : « COCHOIS ET BARRARD, FONDEURS », fondue

----

(1) Dès 1821, on trouve à Château-Porcien (Ardennes), la société COCHOIS PÈRE ET FILS ET BARRARD FONDEURS. (Voir Jadart, *les Cloches du canton de Château-Porcien*, p. 5; — cf. *Annales* de la Société Historique et Archéologique de Château-Thierry, année 1890, p. 16).

vraisemblablement au Port-à-Binson (Marne), refondue en 1898 à Carrépuits (Somme) par M. Xavier Cavillier (1). — *Fère-en-Tardenois*, la moyenne des trois cloches composant la sonnerie actuelle; elle est signée : « LES COCHOIS ET LES BARRARD FONDEURS » (2).

1822 ou **1823**. — *Baulne* (canton de Condé-en-Brie), une cloche, pesant 600 kilog. environ. Marché passé par Nicolas Cochois, le 4 octobre 1822; la cloche devait être livrée avant le premier mai 1823. Elle coûta à la commune la somme totale de 2,792 francs (3). Cette cloche a été refondue à la Chapelle-Monthodon par Barrard-Bertin.

1823. — *Villers-Agron*, une petite cloche, signé : « FONDUE PAR J.-B. BARRARD » (4).

1824. — *Condé-en-Brie*, une sonnerie de trois cloches, fondues à Condé-en-Brie. La petite, non signée, existe encore; les deux autres ont été refondues en 1850 à la Chapelle-Monthodon par J.-B. Barrard-Bertin (5). — A Condé-en-Brie, les Cochois et les Barrard firent plusieurs fontes pour les environs. (Nous avons retrouvé à Condé des vieillards ayant connu « le père Cochois », qui dirigeait l'atelier). — *Courboin*, une cloche, pesant 350 kilog. environ; marché passé le 15 avril (6).

1825. — *Mont-Saint-Père*, une sonnerie de trois cloches, pesant ensemble 1,100 kilog. environ, fondues à la Petite

---

(1) Cf. ci-dessus pp. 53 à 55.
(2) Inscription de la moyenne cloche de Fère (notre copie).
(3) Archives campanaires de Jos. Bert c'é, papiers de Cochois.
(4) Inscription de la petite cloche de Villers-Agron (notre copie).
(5) Inscriptions des cloches de Condé (notre copie).
(6) Une copie de ce marché, vraisemblablement présentée comme modèle par le fondeur, existe dans les archives communales de Monthurel.

Baraque (près Mont-Saint-Père). Deux de ces cloches cassèrent vers 1857 ; la troisième cassa en décembre 1866 ; elles furent toutes trois remplacées en 1867 par le fondeur parisien Dubuisson-Gallois. A l'occasion de cette fonte de 1825 le fondeur « Cochois » (sans indication de prénom) paraît seul dans les archives municipales de Mont-Saint-Père (1).

1826. — *Bézu-Saint-Germain*, une sonnerie de trois cloches, fondues à Bézu-Saint-Germain vers le mois de novembre, pesant 983, 699 et 518 livres, soit au total 1,100 kilog. (comme à Mont-Saint-Père). La grosse et la petite existent encore ; la moyenne a été remplacée en 1869 par Dubuisson-Gallois. La grosse est signée : « LES CO-CHOIS PÈRE ET FILS ET LES BARRARD FRÈRES FONDEURS ». (2) — *Épieds*, une sonnerie de trois cloches, toutes trois encore existantes, pesant 969, 698 et 507 livres, fondues à Bézu-Saint-Germain. Même signature que pour la sonnerie de Bézu-Saint-Germain (3). — *Monthurel*, une cloche, non signée, mesurant 0 m. 80 de diamètre inférieur (4), « fondue à Damery » (Marne) (5). Marché passé par Nicolas Cochois le 1er août

(1) Archives paroissiales et communales de Mont-saint-Père. — Inscriptions des cloches (notre copie). — Traditions locales.

(2) Communication de M. l'Instituteur de Bézu-Saint-Germain et de M. l'abbé Habart, curé d'Épieds.

(3) Inscription des cloches d'Épieds (notre copie). — Communication de M. l'abbé Habart.

(4) Inscription de la cloche de Monthurel (notre copie).

(5) Communication de M. Antoine Denisart (de Monthurel).

Le 8 juillet 1826, le fondeur Antoine Antoine, qui faisait sur place la sonnerie e l'église Saint-Nicolas de *Rethel* (Ardennes), [cf. Jadart, etc., *les Cloches du canton de Rethel*, page 20 21], écrivait à son confrère et associé « M. Cochois-Baret, fondeur de cloches, à Damery » la lettre suivante (dont nous nous permettons de rectifier l'orthographe) : — « Je vous envoie le sieur Baudouin pour me remplacer pour la refonte des cloches de *Damery* et autres. Malgré le désir que

1827. — *Crézancy*, deux cloches, pesant 477 et 324 kilog., fondues à Crézancy, refondues en 1898 à Carrépuits (Somme) par Xavier Cavillier (1). — *Fossoy*, une cloche, fondue à Crézancy, remplacée en 1890 (2).

1827-1828. — *Beuvardes*, trois cloches, encore existantes, pesant 1473, 1124 et 796 livres, dont deux au moins fondues à Beuvardes (3).

1829. — *Montlevon*, une sonnerie de trois cloches, toutes trois encore existantes, fondues à Montlevon dans le cimetière (4), avant le 3 août et pesant 1426, 1023 et 712 livres. La grosse est signée : « LES BARRARD ET LES COCHOIS FONDEURS ». — « Barrard Jean-Baptiste », alias « Barrard aîné » et « Barrard jeune » apparaissent seuls

j'aurais eu d'y aller, je ne le puis, attendu mon ouvrage de Rethel. Vous le savez comme moi, de laisser un ouvrage pareil seul, il n'est guères possible, mais j'irai à la fonte. Si vous n'avez point de nouvelles de *Fromentières*, Baudouin ira, afin de savoir le poid qu'il faudra les faire, car malgré que le marché ne porte qu'elles ne pèseront que 1700 les deux, le maire m'a dit que lorsqu'on serait pour commencer, que l'on y aille et que leur intention serait que la grosse pèse un mille. Vous verrez le maire de *Boursault*; je crois qu'on la fera, et celle de *Nanteuil-la-Fosse*. Vous irez chercher notre métal, qui est à *Ville* [-*en-Tardenois*]... Je vous envoie le marché de *Goussancourt*; vous n'oublierez pas qu'ils doivent l'intérêt... Quant à Cochois de Châlons il dit que nous lui avons écrit ensemble qu'il serait de *Damery* ; je laisse cela à votre d sposition. Il m'avait dit que, si je voulais, que l'on compenserait cela avec le marché de *Ventelay*..... » (Archives campanaires de Jos. Berthelé, papiers des Cochois).

(1) Cf. ci-dessus pp. 55 à 59.

(2) Inscription de l'ancienne cloche de Fossoy (notre copie). — Tradition recueillie à Crézancy et à Fossoy.

(3) Inscriptions des cloches de Beuvardes (notre copie). — Archives communales de Beuvardes. — Tradition locale.

(4) Cf. J. Larangot, *Historique de la commune de Montleron*, dans les *Annales* de la Société Archéologique de Château-Thierry, année 1888, p. 134.

dans les archives communales de Montlevon à l'occasion de cette fonte (1). — *Jaulgonne*, une cloche, non signée, diamètre 0, 71 c. (2).

1832. — *Barzy-sur-Marne*, une cloche fondue à Marcilly (commune de Barzy), encore existante (3). — *Blesmes*, une cloche fondue à Marcilly, pesant 210 kilog. (refonte d'une ancienne pesant 178 kilog.). Marché passé par Jean-Baptiste Barrard, le 30 juillet; réception officielle de la cloche par la municipalité, le 20 août. Cette cloche à été remplacée en 1864 par Dubuisson-Gallois (4). — *Le Charmel*, une cloche fondue à Marcilly, refondue en 1861 à la Chapelle-Monthodon par Barrard-Bertin (5).

En dehors de l'arrondissement de Château-Thierry, nous nous bornerons à citer comme fondues par les Cochois père et fils, en société avec les Barrard frères, la sonnerie de la cathédrale de *Châlons-sur-Marne*. Cette sonnerie (bénite, d'après les inscriptions, le 13 juillet 1825) (6) comprend : — 1° deux bourdons, pesant environ

(1) Inscription des cloches (notre copie). — Archives communales de Montlevon.

(2) Cette cloche (nous l'avons constaté par nous-même) présente, comme celle de Monthurel les caractères habituels des cloches de l'association Cochois et Barrard.

(3) Renseignements recueillis à Barzy et à Marcilly.

(4) Archives communales de Blesmes. — Archives campanaires de Jos. Berthelé, papiers des Cochois. — D'après les souvenirs d'un vieillard de l'endroit, un fondeur du nom de Cochois (vraisemblablement François) travailla avec J.-B. Barrard.

(5) Tradition recueillie à Marcilly. — Inscription de la cloche du Charmel (notre copie).

(6) Cette bénédiction n'eut lieu, en réalité, que le 5 août suivant. — Cf. le *Discours prononcé dans la cathédrale de Châlons, à l'occasion de la bénédiction des cloches, le 5 août 1825*. (Châlons-sur-Marne, impr. T.-J. Martin; in-8° de 11 pages).

6000 et 4500 kilog ; — 2° un accord de trois cloches, dont la petite a été refondue en 1841 à Oger (Marne), par « CAUCHOIS JEUNE », autrement dit COCHOIS LE CHALONNAIS; — 3° une petite cloche complémentaire.

Le Cochois, dit le Châlonnais (1), dont nous venons de prononcer le nom, appartenait à une autre branche de la famille Cochois. Cette branche n'ayant pas spécialement voyagé, à notre connaissance, dans l'arrondissement de Château-Thierry (2), nous n'avons pas à nous en occuper ici.

(1) PIERRE-FRANÇOIS COCHOIS, né à Champigneulles le 23 novembre 1791, — fils du fondeur de cloches Dominique Cochois et de Marie-Catherine Barrard, — marié à Champigneulles, le 19 avril 1814, avec Marguerite-Catherine Cochois, fille du fondeur de cloches Pierre-François Cochois et de Marguerite Liébaut, — père du fondeur de cloches LÉON COCHOIS, — a eu pendant plus de vingt ans un atelier à Châlons-sur-Marne (d'où son surnom), — a quitté les cloches vers 1848, — est mort à Champigneulles, le 28 février 1876.

(2) Cochois le Châlonnais travailla cependant quelquefois au cours de sa carrière. pour des églises du département de l'Aisne.

La petite cloche de l'église de *Bruères sur-Fère*, fondue en 18 6, porte la signature « LES COCHOIS FONDEURS » et la marque de « PIERRE-FRANÇOIS COCHOIS LE JEUNE ». (Communication de M. B. Riomet, instituteur à Villeneuve-sur-Fère). — La même signature et la même marque se retrouvent sur les trois cloches de l'église de *Mareuil-le-Port* (Marne), fondues également en 816 (notre copie).

L'église de la *Ville-aux-Bois lès Pontavert* possédait deux cloches de Cochois le Châlonnais; l'une a été refondue en 1843 par Antoine Antoine et Arsène Loiseau ; l'autre, refondue en 1897 par Xavier Cavillier, portait 1° cette inscription : « FONDUE A CHAALONS AVEC MA SŒUR EN AOUT 1822 PAR COCHOIS LE JEUNE », 2° la marque circulaire à la cloche surmontée de trois fleurs de lis et d'une couronne, de « PIERRE-FRANÇOIS COCHOIS LE JEUNE ».

Bruyères-sur-Fère et la Ville-aux-Bois-lès-Pontavert ne sont pas les seules localités de l'Aisne où son nom se retrouve sur des cloches ou dans les archives.

LE CHANTIER DES BARRARD

ET

LA FONDERIE DE CLOCHES DE J.-B. BARRARD

à la Chapelle-Monthodon (Aisne)
de 1835 à 1867

Il y eut successivement à Champigneulles, dans la première moitié du XIXᵉ siècle, deux membres de la famille Barrard, dits Barrard-Barrard en raison de leurs mariages.

Nous avons cité le second, PIERRE-FRANÇOIS BARRARD, surnommé *Peau d'âne*, mort en 1877, époux de Marie-Marguerite Barrard (1). — Le premier, FRANÇOIS-MARTIN BARRARD, cultivateur, époux de Marie-Barbe Barrard, mort le 20 octobre 1829 (2), laissa entre autres enfants un certain FRANÇOIS-NICOLAS BARRARD, qui fut fondeur de cloches comme ses cousins les beaux-frères de François Cochois, et qui, après avoir travaillé à Paris avec son beau-père le fondeur de cloches Jacques Morlet (3), vint

(1) Cf. ci-dessus pp. 62-63.

(2) Archives communales de Champigneulles (Haute-Marne).

(3) JACQUES MORLET, né à Champigneulles le 2ᵉ août 1774, fils de François Morlet, bas officier de l'hôtel royal des Invalides, et de Marie-Martine Demontaux de cette paroisse, épousa le 20 nivose an V, à Colomb y les-Choiseul, Marie-Angélique Noël et mourut à Champigneulles le 22 avril 1862, âgé de 88 ans. (Archives communales de Champigneulles et de Colombey-les-Choiseul). — Ses deux fils furent comme lui fondeurs de cloches. L'un s'établit à Tonnerre (Yonne), l'autre à Vesly-en-Vexin (Eure).

prendre momentanément dans l'arrondissement de Château-Thierry, — avant de la céder à son fils, — la place que laissaient libre les disparitions successives 1º de l'association Cochois et Barrard, — 2º des deux fondeurs de Neuilly-Saint-Front, les Jean-Baptiste-Antoine père et fils (1), — 3º du vieux fondeur de Fresnes-en-Tardenois, Jean-Simon Chéron (2).

La sonnerie de l'église Saint-Sulpice de Paris est signée, d'une part « Osmond Dubois, maître fondeur a paris », d'autre part « les Morlet et Barrard-Morlet fondeurs ». — Les Morlet et Barrard-Morlet, c'étaient Jacques Morlet, ses fils et son gendre.

(1) Jean-Baptiste Antoine, né à Urville (Vosges) le 1ᵉʳ septembre 1761, — fils du fondeur de cloches Joseph Antoine, — marié en premières noces, le 11 janvier 1790, à Neuilly-Saint-Front, — domicilié à partir de cette époque à Neuilly-Saint-Front, où il avait une fonderie installée dans l'ancien château (aujourd'hui le presbytère), — père du fondeur de cloches Jean-Baptiste-Hippolyte Antoine, — mort à Neuilly-Saint-Front le 16 janvier 1840, âgé de 79 ans.

Pendant la Révolution, J.-B. Antoine fut un destructeur de cloches acharné. Il se préparait du travail pour l'avenir. On trouve dans les arrondissements de Château-Thierry et de Soissons, un assez grand nombre de cloches fondues par lui, durant le premier tiers du xixᵉ siècle.

Son fils Jean-Baptiste-Hippolyte, né à Neuilly-Saint-Front le 24 messidor an XI, travailla surtout en société avec son père. — On trouve la signature : « Jean-Baptiste Antoine père et fils », de 1820 environ à 1830 environ. — Seul, Jean-Baptiste-Hippolyte Antoine fit peu de cloches. Il préféra s'établir cafetier à Neuilly-Saint-Front (à l'enseigne de la cloche), but son fonds en même temps que son revenu, quitta le pays et mourut misérable.

La dernière fonte de J.-B.-Hippolyte Antoine aurait été, parait-il, celle d'Hartennes, faite sur place en 1833. — Ses débuts dans le métier campanaire sont consignés dans l'inscription d'une des cloches de Neuilly-Saint-Front, que nous avons publiée il y a une dizaine d'années : « le fils de J.-B. Antoine fondeur, et de Rosalie Bénard, agés (sic) de 33 mois, a possé (sic) la 1ʳᵉ lettre. » (Annales de la Société Archéologique de Château-Thierry, année 1888, p. 104).

Nous consacrerons ultérieurement une notice spéciale aux cloches fondues par les Antoine de Neuilly-Saint-Front.

(2) Jean-Simon Chéron, né à Meaux, vers 1753, d'une famille qui a

Ce François Barrard, né à Champigneulles vers 1796, marié à Champigneulles le 24 février 1819 avec Marie-Justine Morlet (d'où son nom de Barrard-Morlet), est mort dans son pays natal le 31 janvier 1870, à l'âge de 74 ans (1).

En 1835, nous le trouvons fondant sur place à la Chapelle-Monthodon, en société avec l'un des frères Barrard que nous avons vus voyager dans notre région de 1822 à 1832, — Barrard-Husson ou Barrard-Barrard ?? — plus vraisemblablement avec le premier (2). — Barrard-Morlet avait avec lui son fils JEAN-BAPTISTE, né à Champigneulles le 21 juin 1819 (3).

Plusieurs années de suite, avec ou sans son cousin, mais toujours avec son fils, Barrard-Morlet revint à son chantier de la Chapelle-Monthodon. — Le maire de la Chapelle avait une fille..... Bref, le 11 novembre 1841, Jean-Baptiste Barrard épousait Marie-Jeanne Bertin, — mariage d'amour... et de raison ! *patris ad exemplar*... (4).

En 1842, l'atelier volant, établi sur la place de la Chapelle. par Barrard-Morlet, devenait une *fonderie fixe* sous la direction de Barrard-Bertin (5).

Cette fonderie, — d'abord installée au hameau de Montle-

fourni plusieurs fondeurs de cloches, — domicilié à Fresnes-en-Tardenois (en conséquence de son mariage) dès avant 1788, — fondeur mi-fixe mi-ambulant, comme les Antoine, — beau-père du fondeur de cloches, son associé, JEAN-BAPTISTE CHAMBERLIN, — mort à Fresnes-en-Tardenois, le 21 décembre 1831, âgé de 78 ans.

Nous aurons également l'occasion — ultérieurement — de revenir sur Jean-Simon Chéron et son gendre.

(1) Archives communales de Champigneulles.

(2) Jean-Baptiste Barrard-Husson dut vendre son bien pour faire face aux engagements de son associé Barrard-Morlet. (Communication de Mlle Cochois, fille de François Cochois et nièce de Barrard-Husson).

(3) Archives communales de Champigneulles.

(4) Voir les Archives communales de la Chapelle-Montodon.

(5) Communication de feu Madame Barrard-Bertin.

son, ensuite transportée dans le village même de la Chapelle (1), — et qui fournissait en moyenne 8 ou 10 cloches par année, a duré environ un quart de siècle. Elle doit avoir cessé à la fin de 1867 (2). — Jean-Baptiste Barrard-Bertin est mort à la Chapelle-Monthodon, le 29 août 1869, âgé de 50 ans (3).

A la suite de l'installation de cette fonderie, Barrard-Bertin abandonna la fonte sur place. — Barrard-Morlet, au contraire, continua son métier de fondeur ambulant (dans la Marne, la Seine-et-Marne, etc.), tout en venant périodiquement aider son fils (4).

Nous avons pu retrouver soit dans les clochers, soit dans les archives locales, soit dans des papiers de famille (5), un certain nombre de cloches fondues à la Chapelle Monthodon par Barrard-Morlet et par Berrard-Bertin. Nous les diviserons en deux catégories :

1º cloches fondues de 1835 à 1841, par Barrard-Morlet, en société avec son cousin et son fils.

2º cloches fondues de 1842 à 1867, par Barrard-Bertin sans ou avec la collaboration de son père (6).

(1) Cette fonderie fixe ne fut installée au hameau de Montleson que pendant trois ans environ. — Elle fut ensuite transférée dans le village même de la Chapelle, rue de Clairefontaine, successivement dans deux maisons distinctes, distantes l'une de l'autre d'une centaine de mètres. (Communication de feu Madame Barrard-Bertin).

(2) Barrard-Bertin perdit la majeure partie de son avoir dans la faillite de son marchand de métaux. Ce désastre financier attaqua ses facultés mentales. Il mourut environ dix-huit mois plus tard. (Communication de feu M. Barrard, de Dormans, fils de Barrard-Bertin).

(3) Archives communales de la Chapelle-Monthodon.

(4) Communication de feu Madame Barrard-Bertin.

(5) Ces papiers nous ont été donnés, il y a une dizaine d'années, avec quelques planchettes à ornements et brochettes, par Madame Barrard-Bertin. Cf. les *Annales* de la Société Archéologique de Château-Thierry, année 1889, pp. 46-47.

(6) Les cloches fondues par Barrard-Morlet en dehors de l'atelier de la Chapelle-Monthodon, — dont nous avons pu avoir connaissance, — trouveront place dans nos *Archives campanaires de Champagne et de Brie*, que nous espérons pouvoir publier prochainement.

CHANTIER DE LA CHAPELLE-MONTHODON
de 1835 à 1841.

1835. — *La Chapelle-Monthodon*, une cloche encore existante, signée : « les Barrard fondeurs » (1).

1836. — *Nogentel*, une sonnerie de trois cloches, « fondues à la Chapelle-Monthodon par les frères *(sic)* Barrard » (2), en vertu de la délibération municipale du 15 mai. De ces trois cloches, une seule existe encore, non signée, mesurant 0ᵐ89ᶜ de diamètre inférieur ; cette cloche a été jusqu'en 1850 la seconde de la sonnerie ; elle en est aujourd'hui la troisième. La grosse de 1836 ne dura que quatre ans ; elle fut refondue en 1840 par les mêmes fondeurs, en vertu de la délibération municipale du 10 février ; elle est signée : « REFONDUE SANS MES SŒURS PAR BARRARD EN 1840 » ; elle elle a continué à servir de grosse cloche jusqu'en 1850 ; depuis 1850, elle est devenue la moyenne. La petite de 1836, qui pesait 282 kilog. étant venue à casser, le conseil municipal décida, le 8 mai 1850, que son poids serait augmenté ; la cloche livrée par le fondeur parisien Hildebrand et reçue officiellement le 22 septembre, est aujourd'hui la grosse et pèse exactement 927 kilog. (3).

Cette même année 1836, — *Épaux*, une cloche encore existante, signée : « LES BARRARD FONDEURS » (4).

1837. — *Fère-en-Tardenois*, la grosse et la petite de la

---

(1) Inscription de la cloche (notre copie).
(2) Archives paroissiales de Nogentel.
(3) Inscriptions des cloches (notre copie). — Archives communales de Nogentel.
(4) Inscription de la cloche (notre copie).

sonnerie actuelle; la grosse est signée : « BARRARD FONDEUR »
et la petite : « JAI ETE FONDUE PAR LES BARRARD » (1).

1840. — *Crouttes*, une sonnerie de trois cloches, dont
la moyenne et la petite existent enco:e, portent la signature : « BARRARD FONDEUR », et mesurent 0^m83^c et 76^c de diamètre; la grosse a été remplacée en 1869 par Hildebrand (2).
— *Nogentel*, cf. ci-dessus, année 1836.

1841. — *Celles-les-Condé*, une cloche encore existante,
une des plus grosses (3), — et j'ajouterai une des plus
mauvaises au point de vue harmonique, — qui soient
sorties de l'atelier de la Chapelle-Monthodon.

FONDERIE DE LA CHAPELLE-MONTHODON
de 1842 à 1847.

1842. — *Azy-Bonneil*, égl. par. d'Azy, une sonnerie de
trois cloches, dont la grosse et la moyenne existent encore;
la petite a été refondue en 1877, à Paris, par la maison Dubuisson-Gallois (4). — *Verneuil-l'Étang* (Seine-et-Marne),
une cloche, pesant 452 kilog., livrée le 10 juillet. Le fondeur reçut en déduction l'ancienne cloche pesant 267 kilog.
5 hect. (5). — *Montigny-les-Condé*, « le 6 octobre, refondu
la cloche pesant 156 kilog. 5 hect. » (6) — *Pocancy*
(Marne), une cloche pesant 402 kilog., livrée le 17 octobre
(refonte d'une ancienne pesant 311 kilog. 5 hect.) (7).

(1) Inscriptions des cloches (notre copie).
(2) Idem.
(3) Tradition locale recueillie à Celles-les-Condé.
(4) Inscriptions des cloches (notre copie). — Cf. Moulin, *l'Eglise d'Azy*,
dans les *Annales* de la Société Historique et Archéologique de Château-
Thierry, année 1890, p. 131
(5) Archives campanaires de Jos. Berthelé, papiers de Barrard-Berlin.
(6) Idem.
(7) Idem.

1843. — *Bonnes*, une cloche, livrée le 4 juin, pesant 1013 livres (en remplacement d'une pesant 212 livres et 1/2) (1). — *Coulombs* (Seine-et-Marne), une cloche pesant 1092 livres, livrée le 4 juin (en remplacement d'une pesant 1100) (2). — *Montreuil-aux-Lions*, une cloche pesant 884 kilog., livrée dans le courant de juillet (3). — *Bautheil* (Seine-et-Marne), refonte d'une cloche, pesant 596 kilog., remise au fondeur le 12 juillet (4). — *Broyes* (Marne), une cloche (refonte) pesant 478 kilog. 1/2, livrée le 1er octobre; la vieille cloche, remise au fondeur le 10 juillet, pesait 467 kilog. 1/2 (5).—*Droupt-Sainte-Marie* (Aube), une cloche pesant 627 kilog. 1/2, livrée le 1er janvier 1844 (en remplacement d'une ancienne pesant 85 kilog. 1/2) (6). — *La Chapelle-Vallon* (Aube), une cloche, pesant 454 kilog., livrée le 2 janvier 1844 (en remplacement d'une ancienne pesant 249 kilog. 1/2) (7).

1844. — *Pargny-la-Dhuys*, une cloche, signée : « ‖ BARRARD-BERTIN ‖ FONDEUR A LA ‖ CHAPELLE MON- ‖ THODON PRÈS ‖ DORMANS ‖ MARNE ‖ » (8). — *Dravegny*, refonte d'une cloche qui avait été fondue en 1837 à Saint-Martin-d'Ablois (Marne) (9).

1845. — *Torcy*, trois cloches (fondues à Torcy?) (10).

(1) Archives campanaires de Jos. Berthelé, papiers de Barrard-Bertin.
(2) Idem.
(3) Idem.
(4) Idem.
(5) Idem.
(6) Idem.
(7) Idem.
(8) Inscription de la cloche (notre copie).
(9) Communication de Madame Badoureaux (de Dravegny).
(10) Le fondeur J.-B. Barrard, n'arrivant pas à satisfaire les exigences du donateur M. Dujardin, dut recommencer trois fois les cloches de *Torcy*, Finalement on plaida. (Communications de Madame Barrard-Bertin et de M. Barrard fils).

1845-1847. — Une cloche, pesant 331 kilog., fondue vers le mois d'août 1845 pour *Torcy*, « qui s'était trouvée trop faible en poids », vendue en décembre 1847 à *Saint-Agnan* (près Condé-en-Brie), signée : « FONDUE PAR Mʳ BARRARD, Dᵐᵗ A LA CHAPELLE-MONTHODON, PRÈS DORMANS MARNE » (cf. la délibération municipale du 14 mai 1848) (1).

1847. — *Saint-Eugène*, une cloche, mesurant 0ᵐ91ᶜ de diamètre inférieur, signée : « BARRARD, FONDEUR » (2).

1848. — *Chartèves*, une cloche, pesant 1257 kil. 5 hect. (refonte d'une ancienne cloche ne pesant que 1063 kil. 5 hect.). Marché passé le 17 septembre. Délibérations municipales des 24 septembre 1848 et 8 février 1849 (3). D'après une tradition recueillie dans la Brie, cette cloche était la plus grosse sortie de la fonderie de la Chapelle-Monthodon. Elle a été remplacée, au commencement de 1872, par une sonnerie de trois cloches fondues au Mans par la maison Ernest Bollée.

1849. — *Fresnes-en-Tardenois*, une sonnerie de trois cloches, pesant 523, 392 et 280 kilog., soit au total 1195 kilog., fondues le 31 août, mesurant 0ᵐ98, 87 et 80ᶜ de diamètre inférieur, signées : « BARRARD, FONDEUR A LA CHAPELLE-MONTHODON PRÈS DORMANS MARNE. » Le marché avait été passé le 12 juillet. Ces trois cloches en remplacent trois qui avaient été fondues, en 1808, à Fresnes même, par Jean-Baptiste Antoine, de Neuilly-Saint-Front (4).

(1) Inscription de la cloche (notre copie). — Archives communales de Saint-Agnan.

(2) Inscription de la cloche (notre copie).

(3) Archives communales de Chartèves.

(4) Inscriptions des cloches (notre copie). — Archives communales de Fresnes-en-Tardenois. — Cf. David, *Notice descriptive sur la commune de Fresnes*, dans les *Annales* de la Société Historique et Archéologique de Château-Thierry, année 1893, p. 218.

1850. — *Condé-en-Brie*, la grosse et la moyenne des trois cloches, signées : « BARRARD FONDEUR » (refonte de deux de celles qui avaient été fondues à Condé même en 1824 par la société Cochois et Barrard (1).

1851. — *Chéry-Chartreuve*, une sonnerie de trois cloches, pesant 812, 618 et 436 livres (refonte d'une sonnerie qui avait été fondue à Chéry même) (2).

1859. — *Le Mont-Notre-Dame*, une sonnerie de trois cloches, donnant les notes sol, la, si (3).

1860. — *Villers-sur-Fère*, église par., une sonnerie de trois cloches, pesant 416, 312 et 220 kilog. (refonte, avec augmentation. de trois anciennes cloches pesant 308, 212 et 158 kilog.) (4). — *Villers-sur-Fère*, école, une clochette, pesant 32 kilog. (5). — *Courcelles*, la moyenne cloche, pesant 227 kilog., refondue en 1878 par Perrin-Robinet, de Mohon (Ardennes) (6).

1861. — *Le Charmel*, une cloche, mesurant 95° de diamètre inférieur (refonte d'une cloche fondue en 1832 à Marcilly par Cochois fils et l'un des frères Barrard) (7). —

(1) Inscriptions des cloches (notre copie).
(2) Tradition recueillie à Chéry-Chartreuve.
(3) Givelet, *Le Mont-Notre-Dame*, 2ᵉ édit., p. 27.
(4) Communication de M. B. Riomet, instituteur à Villeneuve-sur-Fère.
(5) Idem.
(6) Près de la petite porte de l'église de Courcelles se trouve le graffite suivant, dont nous devons l'indication à Madame Pouplin-Laloua (de Fismes) :

1860. — 227 kilog. — Moyenne cloche. — Barrard, fondeur
à la Chapelle-Monthodon.

La fourniture de cette cloche à l'église de Courcelles nous a été confirmée par feu M. Barrard (de Dormans), fils de Barrard-Berlin.
(7) Inscription de la cloche du Charmel (notre copie). — Tradition recueillie à Marcilly.

Courboin, la moyenne des trois cloches composant la sonnerie actuelle(1). — *Montigny-lès-Condé*, une cloche (2).

1864. — *Ronchères*, une cloche (3). — *Fromentières* (Marne), une cloche pesa t 388 kilog. 1/2 (refonte d'une ancienne cloche pesant 377 kilog.) (4).

1866. — *Cierges*, trois cloches (refonte) (5).

Nous avons recuilli (6) l'indication de diverses autres cloches fondues par J.-B. Barrard, mais nos renseignements ne sont pas assez précis, spécialement en ce qui concerne les dates, pour que nous puissions les consigner ici.

Montpellier, 1ᵉʳ novembre 1899.

Jos. BERTHELÉ.

---

(1) Inscriptions des cloches de Courboin (notre copie). — La grosse cloche de Courboin date de 1883 et porte la signature « CAVILLIER FONᵈᵘ A CARREPUITS SOMME ». La moyenne est signée de la marque de Barrard, de la Chapelle-Monthodon. La petite, non signée, datant de 1834, semble bien être l'œuvre des Barrard. — La délibération municipale en date du 6 août 1834 ne vise qu'une seule cloche du poids de 325 kilog. que l'on refondra en la portant à 400 kilog. environ. Cependant un viellard de la commune de Courboin (M. Joseph Fayet, de Montbasin) nous a affirmé qu'en 1834 on avait bénit à Courboin une sonnerie de *trois cloches*. Il pensait que ces trois cloches avaient été fondues à la Chapelle-Monthodon. Jusqu'à preuve du contraire, nous estimons que seule la cloche de 1861, a été fondue à la Chapelle-Monthodon.

(2) Inscription de la cloche (notre copie).

(3) Communication de M. B. Riomet.

(4) Papiers de Barrard-Berlin.

(5) Communications de feu M. Barrard (de Dormans) et de M. B. Riomet.

(6) Communications de Madame Barrard-Berlin, de M. Barrard (de Dormans), etc.

Table alphabétique des localités citées

AISNE

Azy, 1842, 1877.
Barzy-sur-Marne, 1832.
Baulne, 1822,-1823.
Beuvardes, 1827, 1828.
Bézu-Saint-Germain, 1826.
Blesmes, 1832, 1864.
Bonnes, 1843.
Bruyères-sur-Fère, 1816.
Celles-les-Condé, 1841.
La Chapelle-Monthodon, 1835.
Le Charmel, 1832, 1861.
Chartèves, 1848, 1872.
Chéry-Chartreuve, 1851.
Cierges, 1866.
Condé-en-Brie, 1824, 1850.
Courboin, 1824, 1834, 1861, 1883.
Courcelles, 1860, 1878.
Crézancy, 1822, 1827, 1898.
Croutles, 1840, 1869.
Dravegny, 1837, 1844.
Épaux, 1836.
Épieds, 1826.
Fère-en-Tardenois, 1822, 1837.
Fossoy, 1827, 1890.

Fresnes-en-Tardenois, 1808, 1849,
Goussancourt, avant 1826.
Jaulgonne, 1829.
Monthurel, 1826.
Montigny-les-Condé, 1842, 1861.
Montlevon, 1829.
Mont-Notre-Dame, 1859.
Montreuil-aux-Lions, 1843.
Mont-Saint-Père, 1825, 1867.
Nogentel, 1836, 1840, 1850.
Pargny-la-Dhuys, 1844.
Ronchères, 1864.
Saint-Agnan, 1847.
Saint-Eugène, 1847.
Torcy, 1845.
La Ville-aux-Bois-lès-Ponta-
vert, 1822, 1843, 1897.
Villers-Agron, 1823.
Villers-sur-Fère, 1860.

ARDENNES

Château-Porcien, 1821.
Rethel, 1826.

AUBE

La Chapelle-Vallon, 1843.
Droupt-Sainte-Marie, 1843.

MARNE

Boursault, 1826 (?).
Broyes, 1843.
Châlons-sur-Marne, 1825, 1841.
Damery, 1826.
Fromentières, 1826, 1864.

Mareuil-le-Port, 1816.
Oger, 1841.
Nanteuil-la-Fosse, 1826 (?).
Pocancy, 1842.
Ventelay, 1827.
Ville-en-Tardenois, avant juillet 1826.

SEINE-ET-MARNE

Bautheil, 1843.
Coulombs, 1843.
Verneuil-l'Étang, 1842.

Extrait des Annales *de la Société Historique et Archéologique de Château-Thierry, année 1899, pp. 53 à 80.*

DU MÊME AUTEUR

Notes et Études campanaires, N° 36. — Nécrologie campanaire, Poitou et Anjou, 1895. — Loudun, impr. Roiffé, 1896, in-8° de 8 pp. (extrait de la *Revue poitevine....*, tome XIII, n° 145, 15 janvier 1896).

37. — Les « Cloches et Fondeurs de Cloches » de M. Louis Régnier et les Manuscrits de Philippe II Cavillier « la Pyrothechnie » et « l'Œuvre campanale ». — *Bulletin monumental*, année 1896, pp. 352 à 366 (tiré à part avec la même pagination).

38. — Bibliographie campanaire..... Les Cloches du canton de Rethel. — Dôle, typ. Bernin, s.d., in-8° de 4 pp. [extrait de la *Revue historique ardennaise*].

39. — La Cloche de l'ancienne prison de La Fère, 1653. — Château-Thierry, impr. de l'*Écho*, 1898, in-12 de 6 pp. [extrait de l'*Écho républicain de l'Aisne*].

40. — Quelques inscriptions campanaires en provençal moderne. — *Revue des Langues romanes*, avril-juin 1898, pp. 283 à 285 (non tiré à part).

41. — La vieille cloche de l'église de Châteauneuf (Vendée). — Vannes, impr. Lafolye, 1899, in-8° de 8 pp. (extrait de la *Revue du Bas-Poitou*, tome XII, janvier-mars 1899).

42. — **Cloches diverses de l'arrondissement de Melle.** — Melle, impr. Ed. Lacuve, 1899, in-8° de 50 pp. [extrait du journal *le Mellois*].

43. — **La cloche italienne de l'église de Charly-sur-Marne et les cloches hollandaises de l'église de Saulchery (Aisne).** — *Annales* de la Société historique et archéologique de Château-Thierry, année 1898, pp. 288 à 299 (tiré à part avec la même pagination).

44. — **A propos d'une cloche.** — Cloches diverses, encore existantes ou disparues, sur lesquelles a été inscrite la formule *Mentem sanctam, spontaneam*, etc. — *Bulletin d'histoire, de littérature et d'art religieux du diocèse de Dijon*, n° du 15 février 1900, pp. 37 à 40 (non tiré à part).

www.ingramcontent.com/pod-product-compliance
Lightning Source LLC
Chambersburg PA
CBHW051340060726

47596CB00004B/1713